THÉTIS ET PÉLÉE,

TRAGÉDIE EN CINQ ACTES.

Repréſentée devant LEURS MAJESTÉS à Fontainebleau, le 10 Octobre 1765.

DE L'IMPRIMERIE,
De CHRISTOPHE BALLARD, Seul Imprimeur du Roi pour la Muſique, & Noteur de la Chapelle de Sa Majeſté.

M. DCC. LXV.
Par exprès Commandement de SA MAJESTÉ.

Les Paroles ſont de FONTENELLE.

La Muſique de M. * * *.

Les Ballets ſont de la compoſition de MM. LAVAL,
Pere & Fils, Compoſiteurs des Ballets,
de Sa Majeſté.

ACTEURS DES CHŒURS.

LES DEMOISELLES,

Canavas.
Bertin.
Favier.
Dubois, C.
Camus.
De Chevremont.
Aubert.

Bouillon.
Desjardins.
Daigremont.
Lemonier.
Dumas.
Mezieres.

LES SIEURS,

Ducroc.
Joguet.
L'Évêque.
Cochois.
Daigremont.
Charles
Joly
Boſquillon.
Guerin.
Abraham.
Le Begue.
Bazire.

Camus. L.
Beſche 3ᵉ.
Roiſain.
Cachelievre.
Caze.
Lecuyer.
Puceneau.
Feret.
Meon.
Bolſon.
Favier.

ACTEURS DE LA PIÉCE.

JUPITER,	Le Sr. Geflin.
NEPTUNE,	Le Sr. L'Arrivée.
MERCURE,	Le Sr. Muguet.
THÉTIS,	La Dlle. Arnoud.
DORIS, *Néréide,*	La Dlle. L'Arrivée.
CIDIPE, *Néréide,*	La Dlle. Avenaux.
PROTHÉE, *Dieu Marin,*	Le Sr. Muguet.
PÉLÉE, *Roi de Theffalie,*	Le Sr. Le Gros.
Les Euménides,	Les Srs. L'Arrivée, Bazire, La Dlle. Avenaux.

Chœur de Dieux Céleftes.
Chœur de Dieux Terreftres.
Chœur d'Affriquains.
Chœur d'Afiatiques.
Chœur d'Européens.
Chœur de Furies & de Divinités infernales.
Chœur de Sirènes.
Chœur de Tritons.

Miniftres du Deftin.
Le principal Miniftre, } Le Sr. Geflin.

Une Afiatique,	La Dlle. Avenaux.
Une Affriquaine,	La Dlle. Dubrieul.
Trois Sirènes,	Les Dlles. Dubois C. Dubrieul, Avenaux.
HÉBÉ,	La Dlle. L'Arrivée.

PERSONNAGES DANSANS.

ACTE PREMIER.

SIRENES.

La Dlle. Guimard.

Les Dlles. Petitot, Godeau , Saint-Martin;
Buart, Baſſe, Grandi.

TRITONS.

Le Sr. Gardel.

Les Srs. Lani C. Rogier, Lelievre ; Allard,
Trupty, Rivier.

PERSONNAGES DANSANS.

ACTE SECOND.

EUROPÉENS.

Le Sr. Lyonnois,   La Dlle. Lyonnois.
Les Srs. Dubois, Grenier.
Les Dlles. Dumirey, Clairval.

ASIATIQUES.

La Dlle. Guimard.
Les Dlles. Rey, Pages, Grandi, Buart.

AFFICAINS.

Le Sr. Dauberval,   La Dlle. Allard.
Les Srs. Beat, Cezeron.
Les Dlles. Cornu, Lahaye.

GREQUES.

Les Srs. Allard,   Les Dlles. Baffe,
Dubois.   Villette.

PERSONNAGES DANSANS.

ACTE TROISIEME.

PRESTRES.

Le Sr. Laval.

Les Srs. Leger, Rogier, Lelievre, Trupty,
Allard, Dubois, Grenier, Giger, Cezeron,
Lani C. Doſſion, Rivier.

PERSONNAGES DANSANS.

ACTE QUATRIEME.

VENTS.

Les Srs. Laval, Gardel, Lyonnois.
Les Srs. Dauberval, Rogier, Leger.

EUMENIDES.

Les Dlles. Lyonnois, Allard, Peſlin.
Petitot.   Godeau.
Les Dlles. Saint-Martin, Lacroix, Lafond.

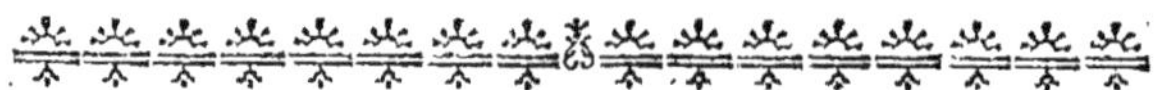

PERSONNAGES DANSANS.

ACTE CINQUIEME.

SUITE D'HE'BE'E.

Le Sr. Veftris.

La Dlle. Geflin.

Le Sr. Gardel.   La Dlle. Guimard.

Les Srs. Leger, Rivier. Les Dlles. Grandi, Baffe.

Les Srs. Lelievre, Dubois, Trupty, Allard,
Doffion, Rogier.

Les Dlles. Dumirey, Clairval, Buart, Villette,
Lahaye, Cornu.

THÉTIS

THÉTIS ET PÉLÉE, TRAGÉDIE.

ACTE PREMIER.

Le Théâtre repréfente le Palais de Thétis.

SCENE PREMIERE.

PÉLÉE, feul.

QUE mon deftin eft déplorable !
En vain à mes foupirs, Thétis eft favorable.

B

Hélas ! Neptune en est charmé !
La crainte que nous cause un Dieu si
    redoutable ,
Tient toujours dans nos cœurs ce beau feu
    renfermé.
Quelles sont tes rigueurs , Amour impi-
    toyable ?
Il est encor des maux pour un Amant aimé !

SCENE SECONDE.

DORIS, PÉLÉE.

DORIS.

Quoi ! je vous trouve seul ! Thétis
    attend Neptune ;
Lorsqu'il vient à ses yeux faire briller sa
    Cour,
Il semble que d'un si beau jour
    L'éclat vous importune ?
La retraite ne plaît qu'à des cœurs pleins
    d'amour.

PÉLÉE.

Moi ! Nymphe, j'aimerois ! Non, mon
  cœur est paisible ;
Non, mon cœur n'est point enflâmé.

DORIS.

On dit d'un air moins animé,
  Que l'on est insensible.

PÉLÉE.

Par le seul mot d'Amour, vous m'avés
  allarmé.

DORIS.

C'est en vain qu'un Amant tâche de se
  contraindre,
  En vain il cache son ardeur ;
  Les efforts qu'il se fait pour feindre,
Trahissent, malgré lui, le secret de son
  cœur.

PÉLÉE.

J'aimerois, si l'Amour sincère
Pouvoit s'assurer d'être heureux ;
Mais souvent les plus beaux feux
Trouvent un Objet sévère ;

B ij

Souvent on préfère
L'Amant le moins amoureux.

Neptune aime Thétis, c'est à moi qu'il
confie
Ses secrets sentimens;
Mais ses tourmens
Me font voir, sans envie,
Le destin des Amans.

DORIS.

Pourquoi cette feinte éternelle ?
Vous aimés, je le vois :
Quand on est le plus grand des Rois,
Sans-doute aussi l'on est fidèle.
Parlés, déclarés votre choix ;
Le cœur même le plus rébelle
Viendra se soumettre à vos loix.

PÉLÉE.

Vous tâchés vainement d'animer mon
courage ;
Quand je serois Amant, croirois-je vos
discours?
La crainte est toujours
Le cruel partage
Des tendres amours.

SCENE TROISIEME.

THÉTIS, DORIS, PÉLÉE, NYMPHES & NÉRÉIDES.

DORIS.

DÉESSE, une fête brillante
Va bientôt, dans ces lieux, célébrer vos
   appas.

THÉTIS.

L'hommage qu'un Dieu me préfente,
Peut bien flater mon cœur , mais ne
   l'éblouit pas.

[*Prélude qui annonce les* SIRENES.]

Mais nous voyons déja les Sirènes paroître;
  Nous entendons leurs doux concerts;
Préparons-nous à voir bientôt le Maître
  Des vaftes Mers.

SCENE QUATRIEME.

LES SIRÈNES, *les Acteurs précédens.*

TROIS SIRÈNES.

Nos chants harmonieux forcent tout à
    se rendre,
Nous difposons des cœurs à notre gré :
  Dès que nos voix fe font entendre,
  Notre triomphe eft affuré.

CHŒUR DES SIRÈNES.

Nos chants harmonieux, &c.

TROIS SIRÈNES.

Des plaifirs de la tendreffe,
  Quand nous vantons les douceurs,
Notre voix enchantereffe
  Gagne aifément tous les cœurs ;
Par vos rigueurs inhumaines,
  Braverés-vous en ce jour,
Et les accens des Sirènes,
  Et les charmes de l'Amour ?

CHŒUR DES SIRÈNES.
Des plaifirs, &c.   [*On danfe.*]

(*Marche pour les* TRITONS *qui précedent* Neptune.

SCENE CINQUIEME.

NEPTUNE , TRITONS , FLEUVES ;
les Acteurs précédens.

CHŒUR DES TRITONS.

EMPRESSONS-NOUS de plaire au Dieu
     des Ondes ,
Il adore Thétis , adorons fes beaux yeux :
Les Amours defcendront dans nos grottes
     profondes ,
     Ils règnent jufques dans ces lieux.
     NEPTUNE.
     Voyés, belle Déeffe ,
Voyés toute ma Cour vous marquer fon
     tranfport ;
Je vous foumets par ma tendreffe ,
Tout ce qui m'eft foumis par les ordres du
     fort.

Jupiter m'enleva le plus noble partage ;
Mais l'Empire des Mers, où je donne la loi,
Sur l'Empire des Cieux , doit avoir
    l'avantage,
    Quand vous régnerés avec moi.

THÉTIS.

Je doute que du fort, la suprême Puiffance
    M'ait deftinée à cet honneur ;
Mais je reçois vos foins avec reconnoif-
    fance ,
C'eft le feul fentiment qui dépend de mon
    cœur.

NEPTUNE.

    Je me flate que ma conftance
    Doit m'attirer une autre récompenfe;
    Aimés, aimés à votre tour;
C'eft l'Amour feul qui peut payer l'Amour.
        [*On danfe.*]

DORIS.

Tout reconnoît l'Amour, tout fe plaît dans
    fes chaînes ;
    Tout cede à fes loix fouveraines ;
                 Mais

Mais il n'eſt rien dans l'Univers
Qui lui ſoit plus ſoumis que l'Empire des
    Mers.

CHŒUR.

Tout reconnoît, &c.

DORIS.

C'eſt dans les flots que Vénus prit
    naiſſance,
Nous fûmes les premiers ſous ſon
    obéiſſance ;
    La Mère d'amour fit ſur nous
    L'eſſai de ſes traits les plus doux.

CHŒUR.

Tout reconnoît, &c.   [*On danſe.*]

NEPTUNE, *aux Divinités de la Mer.*
    Je ſuis content de votre zèle,
    Il ne ſçauroit mieux éclater.
      (*à Thétis.*)
Je vous quitte, aimable Immortelle ;
Songés à la grandeur où vous pouvés
    monter ;
Mais ſongés encor plus à mon amour
    fidèle.   (*Il ſort avec ſa ſuite.*)
                  C

SCENE SIXIEME.
THÉTIS, PÉLÉE.
PÉLÉE.

JE viens de foutenir le fpectacle fatal
Des hommages pompeux que vous rend
mon rival:
Pour me payer d'une peine fi dure,
Vos plus tendres regards ne me font-ils
pas dûs?
Parlés, ou que du moins un foupir me
raffure
Contre les foins que l'on vous a rendus.
THÉTIS.
Perdés une crainte importune;
Je viens d'apprendre encor que mes foibles
attraits
Vous donnent un rival plus puiffant que
Neptune;
Et mon cœur eft à vous plus qu'il n'y fut
jamais.

PÉLÉE.
Ah! Jupiter eſt ce rival terrible!

THÉTIS.

C'eſt lui qui va m'offrir des ſoupirs
ſuperflus.

PÉLÉE.

Quoi! Jupiter, pour vous, eſt devenu
ſenſible?
Ma peine étoit trop foible, & rien n'y
manque plus.
Daignés me pardonner ma crainte & mes
allarmes;
Si j'en croyois les troubles que je ſens,
Je me plaindrois de l'excès de vos
charmes,
Lorſqu'ils me font des rivaux ſi puiſſants.

THÉTIS.

Vous remportés des victoires nouvelles,
Quand je fais des Amans nouveaux:
Si mes conquêtes ſont trop belles,
Vos triomphes en ſont plus beaux.

C ij

PÉLÉE.

Je ne suis qu'un Mortel ; c'est en vain que
    j'espère :
    Ces Dieux, empreſſés à vous plaire,
    Me font ſentir trop vivement
    Que je ſuis un téméraire
    D'oſer être votre Amant.

THÉTIS.

Dans l'empire d'Amour on tient le rang
    ſuprême,
    Dès que l'on ſçait charmer :
    Un Mortel qui ſe fait aimer,
    Eſt égal à Jupiter même.

Dans l'empire d'Amour on tient le rang
    ſuprême, &c.

PÉLÉE.

Lorſque j'obtiens de vous un ſi doux
    ſacrifice,
O Ciel ! dans quels malheurs faut-il que je
    languiſſe !

J'efpérois que l'hymen finiroit mon
   tourment;
Mais tout s'oppofe à cet efpoir charmant:
Plus vous m'aimés, plus je fens le
   fupplice
D'être aimé vainement.

D U O.

THÉTIS.

Faut-il que tout s'uniffe
Contre de fi beaux feux?

PÉLÉE.

Hélas! quelle injuftice!
Les plus tendres amours font les plus
   malheureux.

EMSEMBLE.

Faut-il, &c.

THÉTIS.

Redoublons, s'il fe peut, notre ardeur
   mutuelle;
Par nôtre amour tâchons de furmonter
La fortune cruelle.

PÉLÉE.

Aimons, c'eft le feul bien qu'on ne peut
   nous ôter.

ENSEMBLE.

Faut-il que tout s'uniſſe
Contre de ſi beaux feux !
Hélas ! quelle injuſtice !
Les plus tendres amours ſont les plus
malheureux.

Fin du premier Acte.

ACTE SECOND.

Le Théâtre repréfente un Rivage
de la Mer.

SCENE PREMIERE.

DORIS, CIDIPE.

CIDIPE.

Vous fuivés un penchant trop flatteur
    & trop doux ;
Je doute que Pélée ait de l'amour pour
    vous.
Son feu, s'il vous aimoit, craindroit moins
    de paroître ;
    Ses foins feroient moins empreffés ;
Il vous tient des difcours douteux,
    embarraffés ;
L'Amour, par fes regards, ne fe fait point
    connoître,

On l'apperçoit bien mieux
Dans votre bouche & dans vos yeux.

DORIS.

Non, j'aime trop pour m'y pouvoir
  méprendre,
Des soins toujours craintifs, un timide
  embarras,
Sont les effets de l'amour le plus tendre ;
  C'est en soupirant tout bas
Qu'il se fait le mieux entendre.

CIDIPE.

On croit facilement qu'on inspire les feux
  Que l'on ressent soi-même ;
  On se flâte sitôt qu'on aime,
Et tout paroît amour à des yeux amoureux.

DORIS.

Pélée aime en secret, tout marque sa
  tendresse,
A quel objet ses vœux pourroient-ils être
  offerts ?
Il voit souvent Thétis ; mais le soin qui le
  presse,
  Est de servir le Dieu des Mers :

Il

Il n'eſt pas ſon rival auprès d'une Déeſſe.
Tout ſemble déclarer
Que c'eſt moi qu'il adore ;
Mon cœur, qui m'en oſe aſſurer ;
Me le prouve bien mieux encore.

CIDIPE.

Ceſſés de vous flater, trop aveugle Doris ;
Apprenés un ſecret que je voulois vous taire
Pour vous ſauver la honte du mépris.
J'ai vu, dans un lieu ſolitaire,
Pélée entretenir Thétis ;
Le hazard ſeul n'eut pû les y conduire,
Sans entendre leurs voix, je ſçus aſſés
m'inſtruire
De leurs mutuelles amours ;
Par leurs regards, j'entendis leurs diſcours.

DORIS.

Il aimeroit Thétis ! Ciel ! cet affreux
ſupplice
Seroit-il réſervé pour ma ſecrette ardeur ?
Mais je la vois, pour lire dans ſon cœur,
Je veux employer l'artifice.

D

SCENE SECONDE.

THÉTIS, DORIS, CIDIPE.

DORIS.

DÉESSE, venés-vous fur ce bord écarté
Rêver aux conquêtes brillantes
Que fait votre beauté?

AIR.

Ce qui peut les rendre charmantes
N'eſt que la ſeule vanité.

Les Dieux ont peu d'amour, on ne doit
point attendre
Que leur cœur tout entier ſe laiſſe
poſſéder :
Ces Amans font aiſés à prendre,
Et difficiles à garder.

Quelquefois un Mortel me jure
Qu'il eſt touché du pouvoir de mes yeux:
Si j'en étois bien sûre
Je le préférerois aux Dieux.

THÉTIS.

Et quel eſt cet Amant ? L'amitié vous
    engage
A me laiſſer connoître un ſecret auſſi doux...

DORIS.

Pélée a pris des ſoins... Vous changés de
    viſage,
      Pourquoi vous troublés-vous ?

THÉTIS.

    J'ignorois qu'il fût dans vos chaînes.....
Avec bien du myſtère il a conduit ſes feux.

DORIS.

    L'Amour diſcret cache ſes peines
    A l'objet même de ſes vœux.

    Mais je vois Mercure deſcendre,
Je crois que ſans témoins il veut ſe faire
    entendre.

      (*Elle ſort avec* Cidipe.)

D ij

SCENE TROISIEME.

THÉTIS, MERCURE.

MERCURE.

JUPITER, attiré par vos divins appas,
  Va paroître ici-bas.
  Quand Neptune vous rend les armes,
Ce triomphe, pour vous, est trop peu
  glorieux;
  L'Amour devoit, à tant de charmes,
La conquête d'un Dieu, maître de tous les
  Dieux.

THÉTIS.

Je sçais que Jupiter tient tout sous son
  empire,
  Que les Dieux révèrent ses Loix,
  Mercure, on n'a rien à me dire
  Sur le respect que je lui dois.

(MERCURE *sort.*)

SCENE QUATRIEME.

THÉTIS, *seule.*

Tristes honneurs, gloire cruelle,
Ah ! que vous me génés !
Pourquoi m'êtes-vous deftinés ?

Mon Amant n'eft qu'un infidèle....
Dieux ! quel trouble faifit tous mes fens
étonnés !
Hélas ! mes jours infortunés
Vont couler dans l'horreur d'une peine
éternelle.

Triftes honneurs, &c.

SCENE CINQUIEME.

THÉTIS, PÉLÉE.

PÉLÉE.

Enfin je vous revois, quel bonheur
pour ma flâme !
Que ces momens me femblent doux !

THÉTIS.

Allés chercher Doris, elle a touché votre
  âme,
Je fçais que votre cœur fe partage entre
  nous.

PÉLÉE.

O Ciel ! que vous entends-je dire !
Quoi ! lorfqu'à votre hymen vous fouffrés
  que j'afpire....

THÉTIS.

Non, ingrat ; non, perfide ; il n'y faut
  plus penfer :
  Mon hymen t'eut comblé de gloire,
  Mais il te plaît d'y renoncer
  Par une trahifon fi noire.

Non, ingrat ; non, perfide ; il n'y faut plus
  penfer.

PÉLÉE.

Ah ! quels noms pleins d'horreur me faites-
  vous entendre ?
Quel traitement ! grands Dieux, & l'amour
  le plus tendre
  Peut-il fe l'être attiré ?

THÉTIS.

Ton crime eft trop affuré,
Tu ne fçaurois t'en défendre.

En vain des plus grands Dieux j'avois
touché le cœur,
Je te facrifiois leur Majefté fuprême,
Et j'euffe encor voulu que Jupiter lui-
même
Eût eu plus de grandeur.
Tu me fais cependant la plus cruelle injure;
Tu brûles pour d'autres appas;
Quel deftin eft le mien! hélas!
C'eft le fort d'une ardeur trop fidèle &
trop pure
De trouver toujours des ingrats.

PÉLÉE.

Le croyez-vous, belle Déeffe?
Quoi! vous m'aimés? & de votre
tendreffe
J'ignorerois le prix!
Quoi! vous m'aimés, & j'aimerois Doris?

Le croyez-vous, belle Déeffe ?
Ah ! pour vous détromper d'un foupçon
    qui me bleffe ,
J'irai même à vos yeux l'accabler de
    mépris.

THÉTIS.

Ne crois point m'éblouir par une fauffe
    adreffe.

    (*On entend le Tonnerre, on apperçoit les*
        Eclairs.)

Mais je puis me venger : ces éclairs que
    je voi,
    Ce tonnerre qui gronde,
  M'annoncent le Maître du monde,
Je fçaurai me forcer à recevoir fa foi....
Mon cœur s'eft engagé fur l'apparence
    vaine
    Des feux que tu feignis pour moi,
Et je veux m'en punir en m'impofant la
    peine
    D'en aimer un autre que toi.

                PÉLÉE.

PÉLÉE.

Ft moi, je vais le voir ce rival redoutable,
Pour attirer fur moi fa haine impitoyable,
Mon amour va fe découvrir,
Je vous parois coupable,
Je ne cherche plus qu'à mourir.

THÉTIS.

Ah ! que dis-tu ? fui fa préfence ;
Quitte des lieux pleins de danger.

PÉLÉE.

Si je vous ai pu faire une mortelle offenfe ;
C'eft au tonnerre à vous venger.
(*Le Tonnerre gronde.*)

THÉTIS.

Éloigne toi, le bruit redouble,
Je ne puis plus te voir ici fans trouble.

PÉLÉE.

A me chafler vos efforts feront vains,
Si je ne vois finir votre injuftice extrême.

THÉTIS.

Va, fui, te montrer que je crains,
C'eft te dire affés que je t'aime.
(*Jupiter defcend du Ciel dans toute fa gloire.*)

E

SCENE SIXIEME.

JUPITER, THÉTIS.

JUPITER.

Déesse, dans ces lieux mon amour me conduit,
Avec tout l'éclat qui me fuit,
Pour d'autres beautés moins charmantes
J'ai souvent emprunté des formes différentes;
Mais il faut que mes soins soient plus dignes de vous,
Il faut qu'à vos attraits mon hommage réponde,
Et c'est comme maître du monde
Que je veux être à vos genoux.

THÉTIS.

Permettés que mon cœur prenne peu d'assurance
Sur des soins, trop flâteurs, que je n'attendois pas;

Je sçais quels font mes appas,
Et quelle eft votre conftance.

JUPITER.
Il eft vrai que jufqu'à ce jour
J'ai pris pour cent beautés un inconftant
amour,
Mais votre gloire en deviendra plus belle
Lorfqu'à vos charmes feuls mes vœux
feront offerts,
Et vous triompherés de tant d'objets
divers
En me rendant fidèle.

THÉTIS.
Rien n'eft capable d'arrêter
Un cœur volage :
C'eft un avantage
Dont on ne peut fe flâter.

JUPITER.
Vous refufés de croire
Que mon cœur pour jamais foit fous votre
pouvoir ;
Déeffe, vous allés fçavoir
Quelle eft votre victoire.

Peuples qui, fous diverfes loix,
N'avés rien de commun que l'ardeur de me
plaire,
De tous les lieux que le Soleil éclaire,
A mes ordres puiffans, accourés à la fois.

(*Le Théâtre change & repréfente des Jardins
magnifiques. Les Peuples de toutes les par-
ties du monde arrivent par les différens côtés
du Théâtre.*)

JUPITER, *aux Peuples.*
Thétis a fçu charmer le Maître du tonnerre
Et le plus grand des Immortels,
Il faut que fur toute la terre
Elle partage fes autels.

LE CHŒUR.
Thétis a fçu, &c.

JUPITER.
Je veux que déformais du couchant à l'au-
rore
Ce foit Thétis que l'on implore,
C'eft à Mortels, votre premier devoir;
On tremble devant le pouvoir,
Mais c'eft la beauté qu'on adore.

LE CHŒUR.

Thétis a ſçu, &c.

(On danſe.)

UNE ASIATIQUE.

Aimés, Déeſſe,
Tout vous en preſſe,
Rendés heureux
Jupiter amoureux.

LE CHŒUR.

Aimés, Déeſſe, &c.

L'ASIATIQUE.

Un Dieu puiſſant reçoit nos vœux ſans
    ceſſe,
Et de ce Dieu vous recevés les vœux.

LE CHŒUR.

Aimés, Déeſſe, &c.

(On danſe.)

UNE AFRIQUAINE.

Les Belles, dans notre heureux ſéjour,
Exigent peu du tendre amour;

La plus légère offrande,
Quelquefois une simple guirlande,
Ou le don d'une fleur,
Soumet un cœur.

L'hommage qu'il vous adresse
Est plus digne d'une Déesse,
Des Dieux, l'Auguste Souverain,
Vous offre son sceptre & sa main :
Goûtés dans un brillant destin
Les charmes des grandeurs & ceux de la
tendresse.

(On danse.)

LE CHŒUR.

Que toutes nos voix se confondent,
Pour chanter de Thétis les triomphans
appas !
Que tout, les célébre ici-bas !
Que les Cieux mêmes nous répondent,
Le Souverain des Dieux veut à tout
l'Univers
Vanter la gloire de ses fers.

TEMPÉTE.

CHŒUR.

Quel bruit soudain nous épouvante !
Quelle tempête ! quelle horreur !
Les Vents sont déchaînés & l'Onde mena-
çante
Répond aux Vents avec fureur.

(Neptune paroît sur la Mer.)

SCENE SEPTIEME.

NEPTUNE, *& les précédens.*

NEPTUNE.

DE quels chants odieux retentit ce
rivage ?
Jupiter sçait-il bien que c'est moi qu'il
outrage ?
A-t-il quitté les Cieux, pour braver mon
courroux ?
En m'enlevant l'objet de mes vœux les plus
doux ?

JUPITER.

Oui, j'adore Thétis, & n'en fais point
    myftè e :
Vous, fi vous m'en croyés, Neptune,
    épargnés-vous
Les impuiffans tranfports d'une vaine
    colère.

    (Jupiter fort avec toute fa fuite.)

SCENE NEUVIEME.

NEPTUNE, MERCURE.

NEPTUNE, *fortant de la Mer.*

ME croit - il donc foumis à fes
    commandemens ?
Quoi ! me croit-il fous fon obéiffance ?
Ah ! dans le jufte éclat de mes reffentimens
Mon bras fe fervira de toute fa puiffance :
    Je confondrai les Élémens,
J'exciterai mes flots, & par leur violence
Je cauferai par - tout d'affreux débor
    demens ;   Et

Et fur la terre entière exerçant ma vengeance,
J'ébranlerai fes fondemens.

MERCURE.

S'il faut que Jupiter s'obſtine
Dans l'amour dont il eſt bleſſé ;
Je vois de toutes parts, d'une affreuſe ruine
L'Univers menacé.
Songés à prévenir les maux que j'appré-
hende ;
L'intérêt commun le demande.

NEPTUNE.

Ne croyés pas m'intimider,
Non, non ; que Jupiter fe rende,
J'ai prévenu fes feux, c'eſt à lui de céder.

MERCURE.

Une puiſſance plus grande
Entre vous peut décider ;
Conſultés le Deſtin, le Deſtin vous
commande ;
Son arrêt doit vous accorder.

E

La fin de vos débats ne peut être plus
    prompte,
Vous fçaurés qui des deux doit obtenir
    Thétis.

NEPTUNE.

J'y confens; au Deftin nous nous rendrons
    fans honte,
    Il nous tient tous affujettis.

Fin du fecond Acte.

ACTE TROISIEME.

Le Théâtre repréfente le Temple du Deftin.

SCENE PREMIERE.

LES MINISTRES *du Deftin.*

O Deftin ! quelle puiffance
Ne fe foumet pas à toi ?
Tout fléchit fous ta loi,
Tes ordres n'ont jamais trouvé de
réfiftance.

UN MINISTRE.

Malgré nous tu nous entraînes
Où tu veux ;
C'eft toi qui nous amènes

F ij

Tous les événemens heureux ou malheu-
  reux,
  Tu les as liés entr'eux
  Avec d'invisibles chaînes ;
  Par des moyens secrêts
  Ton pouvoir les prépare ,
  Et chaque inſtant déclare
  Quelqu'un de tes arrêts.

LE CHŒUR.

O Deſtin ! &c.

LE MINISTRE.

C'eſt en vain qu'un mortel pleure , gémit,
  ſoupire ,
  Un Dieu voudroit en vain t'oppoſer ſa
  fierté ;
Rien ne change les loix qu'il te plaît de
  preſcrire ,
  Ton inflexible dureté ,
  Fait la grandeur de ton empire.

SCENE SECONDE.

Les Acteurs précédents, PÉLÉE.

PÉLÉE.

MINISTRES du Destin, je viens pour vous apprendre
Que dans ces lieux, Neptune va se rendre.
Neptune vient vous consulter,
Quel spectacle plus doux peut jamais vous flatter?

LE CHŒUR.

O! Destin, &c.

PÉLÉE.

Daignés aussi sur mes peines secrettes,
Des arrêts du Destin, être les interprêtes.

LE CHŒUR.

Nous ne répondons point aux mortels curieux,
L'oracle du Destin n'est fait que pour les Dieux.

*(Ils rentrent dans l'intérieur du Temple,
dont les portes se ferment.)*

SCENE TROISIÈME.

PÉLÉE *seul.*

CIEL ! en voyant ce Temple redoutable ,
De quel frémiffement je me fens agité ?
C'eft ici qu'il eft arrêté
Si je dois être heureux ou miférable;
Cet ordre , quel qu'il foit, doit être exécuté ,
Mais l'avenir impénétrable
Le cache encor dans fon obfcurité...
Quel doute infuportable !
Q'un Amant en eft tourmenté !...:

Inflexible Deftin , dans tes loix éternelles
N'as tu fuivi qu'un aveugle hazard ?
Hélas! n'a tu pas eu d'égard
Pour les Amants fidèles ?....
Non, non je tâche en vain de flatter mon ennui,
Par l'état où tu m'as réduit,

Je reconnois déja l'effet de tes caprices ;
Ah ! n'exerces-tu pas toujours
Tes plus cruelles injuſtices,
Sur les plus fideles amours ?

SCENE QUATRIEME.

DORIS, PÉLÉE.

DORIS.

Ou je me trompe, ou c'eſt votre tendreſſe
Qui dans ces lieux vous amene avec nous.
A l'arrêt du Deſtin, votre cœur s'intéreſſe ;
Mais je crains qu'il ne donne une aimable Déeſſe,
A quelque Dieu, plutôt qu'à vous.

PÉLÉE.

Je ne crains, ni n'eſpére.
L'avenir qui m'eſt préparé,
Sçaura toujours me plaire ;
Et le Deſtin peut faire
Ses arrêts à ſon gré.

DORIS.

Je connois votre flâme,
C'eſt en vain que vous déguiſés.

PÉLÉE.

Plus vous voulez pénétrer dans mon âme,
Plus vous vous abuſés.   (*Il ſort.*)

DORIS *ſeule*.

Je ne le vois que trop, mes feux ſont
mépriſés;
J'ai cru que l'on m'aimoit, j'ai pris des
eſpérances
Sur de trop foibles apparences:
Dieux! quelle honte pour mon cœur
D'être tombé dans une erreur ſi vaine,
Et quelle peine
De renoncer à cette douce erreur!

Mais que ſert ma plainte impuiſſante?
Il faut punir & ſe venger;
Que par ſes maux l'ingrat reſſente
Dans quels maux il m'a ſçu plonger,
Tout ce que la fureur préſente
Eſt permis pour ſe ſoulager;
Il faut punir & ſe venger.

SCENE

SCENE CINQUIEME.

NEPTUNE *& sa suite*, DORIS.

NEPTUNE, *à sa suite.*

QU'ON ne me suive plus, allés, que
    l'on m'attende,
Je veux que sans témoins cet oracle se
    rende.   (*Il reste seul.*)
Cédés pour quelque tems, importune
    grandeur,
Cédés au tendre amour qui régne dans
    mon cœur.
Moi que les vastes mers reconnoissent pour
    maître
    Je viens en tremblant reconnoître
    Un plus grand pouvoir dans ces lieux.
L'amour qui m'y réduit, sçait abaisser les
    Dieux;
Sa force, contre nous, affecte de paroître.

    Cédés pour quelque tems, &c.

SCENE SIXIEME.

NEPTUNE, *Miniſtres du deſtin.*

UN MINISTRE.

Dᴵᴇᴜ de la mer, quel ſujet vous amene?

NEPTUNE.

Mon amour pour Thétis, cauſe toute ma
　　peine,
　Jupiter vient troubler mes feux,
Prononcés qui de nous verra remplir ſes
　　vœux.

LE MINISTRE.

Deſtin, un grand Dieu te demande
Quel ſuccès tu veux qu'il attende.
Dans tes ſecrets il cherche à pénétrer :
　Daigneras-tu les déclarer?

(Les Miniſtres offrent un ſacrifice au Deſtin,
& font des libations.)

LE MINISTRE.

Qu'un respect plein d'épouvante
Fasse tout trembler !
L'avenir va se réveler.
Que tout l'Univers ressente
Un respect plein d'épouvante !
Le destin est prêt à parler.

LE CHŒUR.

Le Destin, &c.

LE MINISTRE.

Ecoutés, Dieu de l'onde,
Tout ce que le Destin permet qu'on vous
réponde.

ORACLE.

» *L'époux de la belle Thétis*
» *Doit être un jour moins grand, moins puis-*
» *sant que son fils ;*
» *Tout le reste est caché dans une nuit*
» *profonde.*

G ij

NEPTUNE.

Ah! quel oracle je reçoi !
Quel arrêt menaçant! quelle funeste loi !
Il sort.
(*Les Ministres rentrent dans le Temple.*)

Fin du troisiéme Acte.

ACTE QUATRIEME.

SCENE PREMIERE.

JUPITER, DORIS.

JUPITER.

Dans quel étonnement votre diſcours
   me jette !
Thétis pourroit brûler d'une flâme ſecrette?
Neptune à Jupiter eſt-il donc préféré ?

DORIS.

Non, un ſimple mortel, Pélée eſt adoré.
Je viens de voir encor ces deux Amans
   enſemble,
Ils ſe cherchent partout & ſe trouvent
   toujours.

JUPITER.

Quoi! lorſque ſous mes loix il n'eſt rien
   qui ne tremble,
Un mortel oſeroit traverſer mes amours?

DORIS.

Thétis vient en ces lieux, & vous pouvés
vous-même
Vous éclaircir dans cet inftant.

SCENE SECONDE.

JUPITER, THÉTIS.

JUPITER.

DÉ E S S E, expliqués vous fur le fort
qui m'attend,
Jupiter ne veut point que fa grandeur
fuprême
Lui faffe auprès de vous un mérite éclatant,
Il ne veut s'en fervir qu'à prouver qu'il
vous aime,
En vous la foumettant.

THÉTIS.

Neptune, ainfi que vous, prétend à ma
tendreffe,
Il eft le Dieu des mers, j'en fuis une Déeffe.
Je dois redouter fon courroux,
Il ne m'eft pas permis de choifir entre vous.

SCENE TROISIEME.

JUPITER, THÉTIS, PROTÉE.

PROTÉE.

Neptune m'a chargé de venir vous apprendre
Qu'à l'Himen de Thétis, il cesse de prétendre,
Qu'il n'a plus le dessein de vous la disputer.

JUPITER.

Quel bonheur imprévu vient ici me surprendre !
Ah ? ma reconnoissance aura soin déclater;
Dis lui qu'il doit tout en attendre.

(Protée sort.)

Rien n'est donc plus contraire au succès de mes vœux ?
Vous m'opposiez un obstacle qui cesse...
Mais que vois-je, Thétis ? quelle sombre tristesse
Dans le moment que tout céde à mes feux!

Pour m'affurer de tout, ce trouble doit
  fuffire.
Un fidel rapport....

   THÉTIS.

 Quoi! qu'à t-on pu vous dire?

   JUPITER.

Que Pélée en fecret....

   THÉTIS.

 Non, ne le croyés pas;
 Non, fi fon cœur foupire
 C'eft pour d'autres appas....
 Non, ne le croyés pas.

   JUPITER.

 Je vois que vous êtes coupable;
Vous vous juftifiés d'un air trop empreffé.
 Votre cœur s'eft donc abaiffé
 Aux vœux d'un mortel méprifable?
Ainfi vous impofiés à cet amour fatal
Qui tenoit Jupiter fous votre obéiffance!
Tremblés, je vais m'armer de toute ma
  puiffance,
Pour me venger de vous & punir mon rival.

    (*Il fort.*)

    SCENE

SCENE QUATRIEME.

THÉTIS, *seule.*

QUELLE horreur m'environne, & quel
  effroi me glace !
Quels abîmes de maux s'ouvrent devant
  mes yeux !
Hélas ! c'eſt mon Amant que Jupiter
  menace. . . . .
Quels traits peut nous lancer le ſouverain
  des Dieux ?

Ah ! je le vois déja, je le vois qui prépare
  Ses plus terribles coups.
Trop funeſtes appas, pourquoi m'attirés vous
Sous le doux nom d'amour cette haine
  barbare,
  Et cet implacable courroux ?

H

SCENE CINQUIÉME.

THÉTIS, PÉLÉE.

THÉTIS.

AH ! Pélée, apprenés tous les malheurs
    enfemble,
Jupiter fçait enfin nos fecrettes amours;
Vous dirai-je encor plus, ciel ! je frémis...
    Je tremble,
    Jupiter menace vos jours.
Quoi ! de votre péril la funefte nouvelle
    Ne vous infpire pas d'effroi ?

PÉLÉE.

Jupiter en fureur ne peut rien contre moi,
    Vous êtes immortelle.

THÉTIS.

    Si vous ne craignés pas pour vous,
    Craignés du moins pour une Amante,
    Peut-on vous porter des coups
    Que mon ame ne reffente ?

PÉLÉE.

Que votre tendreffe eft charmante,
Et que mon trépas fera doux,

L'ennemi qui vous tourmente,
Lui-même en fera jaloux.
THÉTIS.
Quel feroit mon deftin ! vous cefferiés de
vivre !
Et moi je ne pourrois recourir au trépas ;
Si je pouvois vous fuivre
Je ne m'en plaindrois pas.
ENSEMBLE.
Hélas ! de quelles flâmes
Nous perdons les douceurs ?
Quel amour enchantoit nos âmes !
Quel amour uniffoit nos cœurs ! ...
THÉTIS.
Mais quels bruits pleins d'horreur
troublent mes fens timides ?
Tous les vents raffemblés frémiffent dans
les airs.
PÉLÉE.
Je vois fortir des enfers
Les cruelles Eumenides.
THÉTIS.
Ah ! c'en eft fait, cher Amant, je te perds.

SCENE SIXIEME.

THÉTIS, PÉLÉE, LES EUMENIDES,

CHŒUR *de Furies & de Vents.*

UNE EUMENIDE.

PÉLÉE il faut aller fur ce rocher funefte,
   Où dans un tourment éternel,
   Gémit le fameux criminel
   Qui déroba le feu célefte :
   Vents, partés & l'emportés
     Dans ces lieux redoutés.

THÉTIS.

Accablés moi plutôt des plus affreufes
   peines.
   Arrêtés, cruels, arrêtés.

LES EUMENIDES, *lentement.*

   Déeffe, vos larmes font vaines,
   Vos cris ne font point écoutés.
Les loix de Jupiter font des loix fouve-
   raines,
   Il faut fuivre fes volontés.

[*Les Furies & les Vents veulent enlever Pélée, Thétis*
  effaye de les toucher par fes prieres & par fes larmes.]

CHŒUR.

Servons la vengeance
Du maître des Dieux,
L'enfer & les cieux
Sont d'intelligence
Pour punir l'offence ;

Servons la vengeance, &c.

Amant téméraire,
Que tes maux cruels
Inftruifent la terre,
Glacent les mortels.

Servons la vengeance
Du maître des Dieux ;
Contre l'infolence
D'un audacieux.
(*Thétis accablée de douleur, tombe aux
pieds des Furies en difant :*)

Arrêtés, cruels, arrêtés.....

PÉLÉE.

Laiffés moi d'un rival devenir la victime,
Puifqu'un tendre amour eft un crime,

Quels rigoureux tourments n'ai-je pas
 mérités ?

UNE EUMENIDE.

Vents, ne différés plus, obéiffés, partés.

 (*Les Vents enlévent Pélée, les Furies s'abî-
  ment.*)

SCENE SEPTIEME.

THÉTIS, *feule.*

Quoi ! toute la nature
A ce fpectacle affreux ne frémit-elle pas !
 Soleil, retourne fur tes pas,
Plonge nous pour jamais dans une nuit
 obfcure.
 Dieux immortels, uniffés vous
Contre un tyran qui nous opprime tous.

Fin du quatriéme Acte.

ACTE CINQUIEME.

Le Théâtre est le même que dans le précéd nt.

SCENE PREMIERE.

JUPITER, MERCURE.

MERCURE.
N'En doutés point, Neptune à sa flâme
  renonce,
Sur l'Oracle qu'ici je vous ai rapporté,
J'ai voulu du Destin apprendre la réponse :
  Par mes avis il l'avoit consulté.

JUPITER.
Quel Oracle cruel! Que je suis agité!
J'ai puni mon Rival; Thétis ambitieuse,
Auroit pu l'oublier après quelques soupirs,
Mais d'un fils trop puissant la naissance
  odieuse
Seroit l'effet de mes desirs.

Mon trouble est extrême ;
Vous m'entraînés tour à tour,
Trop charmant Amour,
Doux attraits du rang suprême.
Hélas ! faut-il que dans mon cœur,
Dans le cœur de Jupiter même,
L'Amour balance la grandeur ?

MERCURE.

Le cœur de Jupiter n'est fait que pour la
    gloire,
L'Amour n'y peut long-tems disputer la
    victoire.

JUPITER.

Non, il ne la dispute plus,
C'en est fait, ses nœuds sont rompus.
Pour monter sur le Trône où le Ciel me
    révère
J'en fis tomber mon père :
Un fils ambitieux le vengeroit sur moi.
Je connois les desirs qu'un si beau rang
    inspire,
Mon propre exemple doit suffire
Pour me remplir d'effroi.

Mais

Mais quel souvenir me retrace
Des charmes trop doux & trop chers?
Ma grandeur disparoît, tout son éclat
    s'efface,
Faudra-t-il succomber & rentrer dans mes
    fers?

SCENE SECONDE.

THÉTIS, JUPITER, MERCURE.

THÉTIS.

DU Souverain des Dieux, j'implore
    la clémence,
Rendés-vous aux tourmens affreux
Dont j'éprouve la violence :
J'accepte pour supplice une éternelle
    absence,
N'est-il pas assés rigoureux?
Épargnés seulement les jours d'un
    malheureux :
En vain votre rigueur l'accable ;
Pour jamais j'ai reçu sa foi,
Vous me le rendés plus aimable
Par tout ce qu'il souffre pour moi.

Du Souverain, &c.

THÉTIS & MERCURE.
Que votre haine cesse,
Laissés-vous émouvoir ;
La gloire vous en presse,
L'Amour même, l'Amour vous en fait un
    devoir.

JUPITER.
Vents, partés, & que la Déesse
Revoye en ce moment l'objet de sa
    tendresse.

THÉTIS.
Ah ! quel généreux retour !
Quel bonheur pour mon amour !

SCENE TROISIEME.

JUPITER, THÉTIS, PÉLÉE, MERCURE.

THÉTIS.
Pélée, à mes soupirs Jupiter a fait
    grace :
De son plus fier courroux sa bonté prend la
    place.

PÉLÉE.
Maître de l'Univers, quels autels ! quel
    encens !

Acquitteront jamais nos cœurs recon-
noiſſans !

JUPITER.

Votre amour eſt content, un doux ſuccès
le flatte ;
Mais je veux que ma gloire en ce beau jour
éclate,
Je veux que votre hymen ſe célèbre à mes
yeux ;
Je veux que ce lieu s'embelliſſe,
Et qu'une fête y réuniſſe
Les Dieux les plus puiſſans de la Terre &
des Cieux.

*(Le Théâtre change & repréſente l'appareil du
feſtin des Nôces de* THÉTIS *&* PÉLÉE *; les
Dieux Céleſtes ſont placés de tous côtés ſur des
nuages, & les Dieux Terreſtres ſont en bas.)*

SCENE QUATRIEME *& derniere.*

JUPITER, THÉTIS, PÉLÉE,
MERCURE, DIEUX DU CIEL,
DIEUX TERRESTRES, HÉBÉ.

JUPITER.

ÉCoutés-moi, troupe immortelle ;
Quand l'Amour à Thétis me fit rendre des
ſoins,

Une flâme si belle
Eut tous les Mortels pour témoins;
Mais j'ai sacrifié mon amour à ma gloire;
Je cède à mon Rival ce que j'aime le mieux,
Je veux avoir tous les Dieux
Pour témoins de ma victoire.

DERNIERE FESTE.

(Les Dieux du Ciel & ceux de la Terre
viennent rendre Hommage à Jupiter , &
célebrer les Nôces de THÉTIS *&* PÉLÉE*.)*

(On danse.)

HÉBÉ, *alternativement avec le* CHŒUR.

HÉBÉ.

Que tous les Dieux unis célebrent cette fête;
Que les Ris & les Jeux,
De ces époux heureux
Couronnent la tête ;
Amour lance sur eux
Une flâme éternelle,
Apprens hymen à devenir fidelle;
Toi, Vénus, embellis d'un regard
amoureux.
Les jours que l'hymen leur apprête.

Que tous les Dieux unis celèbrent cette
fête! &c. *(On danse.)*

FIN.

Un Ballet général termine le Spectacle.